おきなわの お菓子

JN122964

文・いけみやてるこ
絵・あらかきれいみ

「おきなわのお菓子」というと、どんなお菓子を思い浮かべるでしょうか。沖縄みやげの定番「ちんすこう」や「さーたーあんだーぎー」は有名ですが、その他にも沖縄には長い歴史の中で食べつがれ、今も愛されている個性的なお菓子がたくさんあります。

沖縄が琉球という王国だった時代、交流のあった中国や日本からさまざまなお菓子の技術も入ってきてさまざまな王朝菓子が作られました。沖縄でサトウキビが作られるようになると黒糖（黒砂糖）を使ってお菓子はさらに発展しました。

そして戦後のアメリカ世（1945—1972）の時代にはアメリカをはじめ外国から舶来のお菓子がもたらされました。甘い甘いチョコレート菓子やカラフルな色のキャンディやグミなどが身近なお菓子として親しまれました。

お菓子屋さんをのぞくとお祝いや法事、年中行事で食べられるものも含めて、いつもたくさんのお菓子が並んでいます。祖先を敬い、伝統行事と共に沖縄の文化にとけこみ広く愛されてきたことがわかります。沖縄のお菓子は、今でも家庭で作って食べられています。

本書では沖縄で生活している私たちが普段食べているなじみのお菓子を中心にとりあげました。人々に愛され、親しまれてきた沖縄のお菓子の世界をのぞいてみてください。あなたの好きなお菓子や食べてみたいお菓子がきっと見つかるはずです。

おきなわの お菓子 の世界

お祝いのお菓子、琉球王朝菓子、年中行事のお菓子、法事用のお菓子にお墓や仏壇への
お供えのおもちやお菓子、おやつ菓子にアメリカ菓子、那覇の名物おまんじゅうに地
域や島々のお菓子まで、どんな場面にもお菓子はつきもの。手の込んだものから簡単に
家庭で作れるお菓子まで、沖縄のお菓子を約60種類集めてみました。

おめでたい時に

お祝いのお菓子

受け継がれた伝統菓子

琉球王朝菓子

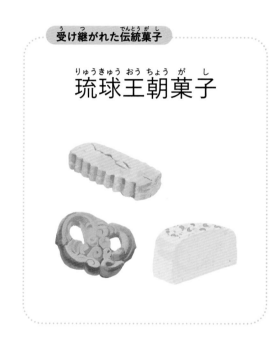

お供えものやおやつに

年中行事のお菓子

法事用の
お菓子

お供え菓子
もち

<ruby>毎<rt>まい</rt>日<rt>にち</rt>食<rt>た</rt></ruby>べたい

おやつ<ruby>菓<rt>が</rt>子<rt>し</rt></ruby>

みんなに<ruby>人<rt>にん</rt>気<rt>き</rt></ruby>の

アメリカ<ruby>菓<rt>が</rt>子<rt>し</rt></ruby>

<ruby>那<rt>な</rt>覇<rt>は</rt>三<rt>さん</rt>大<rt>だい</rt></ruby>おまんじゅう

<ruby>島<rt>しま</rt>々<rt>じま</rt></ruby>のお<ruby>菓<rt>か</rt>子<rt>し</rt></ruby>

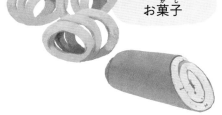

お<ruby>茶<rt>ちゃ</rt></ruby>の<ruby>時<rt>じ</rt>間<rt>かん</rt></ruby>

お<ruby>菓<rt>か</rt>子<rt>し</rt></ruby>の<ruby>材<rt>ざい</rt>料<rt>りょう</rt></ruby>

お祝いのお菓子

お祝いの場にはお菓子がよく登場します。縁起のよいお菓子はいろいろありますが、祝いの席のお菓子といえば、「さーたーあんだーぎー」で、特に結納の席にはなくてはならないものです。その他にも色あざやかな「こーぐゎーし」や赤い結び切りの形の「まちかじ」などめでたい気分を盛り上げてくれるお菓子たちです。

さーたーあんだーぎー

おやつや沖縄みやげとして人気があり、黒糖やごま入りなどバリエーションも楽しめます。さーたーは砂糖、あんだーぎーは揚げ物のことです。小麦粉と卵、砂糖でたねをつくり、油鍋の中に丸く落とし入れます。中まで火が通るように大きく丸く揚げるのはむつかしいものです。揚げていると大きな割れ目ができるのが特徴で、中国にも開口笑というよく似たお菓子があります。

作り方　さーたーあんだーぎー

● 材料（16個分）

小麦粉……350ｇ

ベーキングパウダー……小さじ1

卵……3個

砂糖……200ｇ

サラダ油……大さじ1

揚げ油……適量

①小麦粉とベーキングパウダーを混ぜてふるう。

②ボウルに卵と砂糖を入れて混ぜる。よく混ざったら①の粉をさっくり混ぜ合わせます。最後にサラダ油を加えサッと混ぜ合わせます。

③揚げ油を160度～170度くらいに熱し、油を塗った手で②のタネを丸くまとめて鍋に落とします。

④ゆっくり揚げて、割れ目ができて焼き色がついてきたら取り出します。

こーぐゎーし

砂糖と米粉をつかった干菓子（落雁）です。米粉に砂糖や水あめを加え、裏ごししたものを木型にへらですりこみ、型抜きします。祝い用には鯛や鶴亀、松竹梅などのめでたい絵柄の型で作り、赤や緑の色をつけます。白いハスの花や四角いものは法事用です。口にいれるとほろっと溶けて、お茶の味を引き立ててくれます。

まちかじ（松風）

縁起のよい結び切りに結ばれためでたいお菓子です。小麦粉に砂糖を加えて水に溶き、赤く着色したものを鉄板に流し、白ごまをふって焼きます。やわらかいうちに帯状に切り形づくります。和食に松風焼という焼き物があり、松風という焼き菓子もあります。最近は小さいものやスティック状のものも。結納の盛り菓子に使われます。

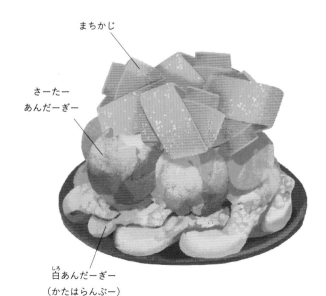

まちかじ

さーたーあんだーぎー

白あんだーぎー（かたはらんぶー）

結納の盛り菓子

沖縄の結納の席になくてはならないお菓子があります。それは大きなさーたーあんだーぎーと白あんだーぎーとまちかじの3点セットです。さーたーあんだーぎーは大人のこぶし大に大きく揚げて、めでたい雰囲気を盛り上げます。白あんだーぎーはかすかに塩味のする天ぷらで、鍋肌に添わせて落として揚げるので片方は薄く、片方は厚くふくらんだ形になります。その形からかたはらんぶー（片ほうが重いもの）と言います。

琉球王朝菓子①

沖縄はかつて琉球王国という独立した国で、中国や日本との交易により、その影響を受けたたくさんのお菓子が作られ、王家では客人のおもてなしや神仏の供えもの、また、お届けものとして用いられていました。しかし廃藩置県（琉球藩から沖縄県へ：1879年）により王国がなくなると、多くのお菓子が姿を消してしまいました。ここでは現在に受けつがれ、行事菓子として、またみやげものとして親しまれている王朝菓子を紹介します。

ちんすこう（金楚糕）

小麦粉、砂糖、ラードをつかった中国風の焼き菓子。ほろっとした歯ごたえで、くちどけがよく、日持ちがするのでみやげものとしても人気があります。昔は大きな菊の花型をつかって焼かれていましたが、戦後、老舗の新垣菓子店が今ののこぎり型の縁のついた細長い形で焼きはじめたそうです。紅芋やウコンなどの地元の特産品をつかったり、チョコレートをかけたりとさまざまなバリエーションがあります。

せんじゅこう（千寿糕）

赤、黄、緑の飾りのついた華やかでかわいい焼き菓子。小麦粉とラードをつかった皮でごまあんを包み、筒状に形づくり、三色の生地で花びらのように縁どります。婚礼の席や、お祝いとして盛大に催される三十三年忌になくてはならないものでした。しばらく途絶えていましたが最近ある小説に登場したことから復活した、古くて新しいお菓子です。

王朝菓子はいくつあった

残念なことに途絶えてしまったお菓子がたくさんあるのですが、琉球菓子研究家の安次富順子氏によると琉球王国時代の菓子を記録した文献8件からお菓子の名前を拾ってみたところ160種類もの菓子名が確認できたそうです。実に多彩な菓子文化があったことがわかります。意外なことに多くは和風の菓子で、ついで中国風菓子、南蛮風菓子となっているそうです。

ちーるんこう（鶏卵糕）

卵をぜいたくにつかった、中国風の蒸し菓子です。黄色の生地に混ぜこまれた、赤く染めた落花生（ピーナッツ）ときっぱん（桔餅）のだいだい色がよく映えて、華やかでお祝いの席にもぴったりです。落花生のかりっとした歯ごたえと、きっぱんの食感と香りがアクセントになっています。

ニワトリのとさかみたいだよ！

たうちーちゃお（大鶏餃）

中国風の揚げ菓子です。大鶏餃、闘鶏餃と書き、餃子の「餃」の文字が入っています。
小麦粉とラードでつくった皮で、きっぱん（桔餅）や落花生（ピーナッツ）入りのごまあんを餃子のように包みます。包み終わりをひだにして閉じますが、ひだの角を鶏のとさかのように立てます。

きっぱん（桔餅）

みかん〔クニブ（九年母）やカーブチーなど〕の果汁をしぼり、皮、果肉を刻み、砂糖を入れて煮つめたお菓子。砂糖衣に包んでしあげます。もともとは中国伝来のお菓子の材料でしたが、今ではお菓子としてひとり立ちし、茶道のお菓子としても珍重されています。

とうがづけ（冬瓜漬）

野菜の冬瓜を砂糖で煮つめて固め、グラニュー糖をまぶしたお菓子です。冬瓜ならではのやさしい味わいですが、砂糖たっぷりの甘さなので、薄切りにしていただきます。外側のじゃりじゃり感、中身のあめ色のねっとり感を楽しみます。

＊「きっぱん」と「とうがづけ」は現在那覇市の「謝花きっぱん店」でのみ販売されています。

くんぺん（薫餅、光餅）

ごまあんの入った、平べったいまんじゅう型の焼き菓子。
固めの皮と固めのごまあんが香ばしく、ごまの粒つぶ感も
楽しめます。代表的な王朝菓子の一つで、中国や日本から
の使者をもてなす宴にも登場しました。時代とともに黒ご
まあんから白ごまあんに変わりましたが、現代でもお供え
菓子の定番として親しまれています。

花ぼうろ

クッキーに似た焼き菓子。小麦粉、砂糖、卵黄でつくった
生地を細長く伸ばし、切れめを入れて形づくります。その
模様は手作業による立体的な細工で、高度な技が求められ
ます。ポルトガルから日本に伝わったお菓子、ボーロ（bolo）
がルーツといわれ、江戸時代には江戸でもよく食べられて
いましたが、現在、残っているのは沖縄だけのようです。
しっとりしたきめの細かい食感も魅力です。

複雑な模様がおもしろい！

りとうぺん（李桃餅）

小麦粉の皮でごまあんを包んだ、桃の形の焼き菓子。材料
や分量は「たうちーちゃお」や「せんじゅこう」とほぼ同
じです。中国では桃は悪いものを遠ざけ、不老長寿を授け
る神聖な植物とされ、果実は長寿のシンボルとされていま
した。最近では作り方を簡単にした、むむぐゎーし（桃菓
子）が仏事のお供えものに用いられています。

法事用菓子

初七日や四十九日、年忌などには法事用の菓子として「むぃぐぁーし（七種の菓子盛り合わせ）」と「はーがー（干菓子）」7個をセットでお供えします。これらは菓子店でセットで販売されています。

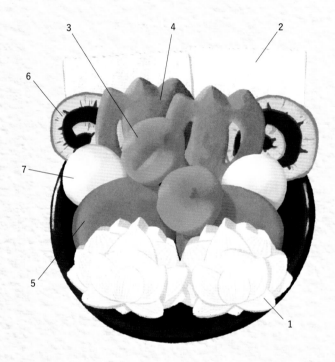

むぃぐぁーし（盛り菓子）

以下の七種の菓子を盛り合わせ、対でお供えします。

1、ぼたんこー（牡丹糕）
2、くしちー（四角いこーぐぁーし）
3、むむぐぁーし（桃菓子）
4、花ぼうろ
5、くんぺん
6、まちがん
7、白まんじゅう

まちがん

法事菓子として、年忌祭だけでなく清明祭や盆にも仏壇や墓に供えます。どら焼きの皮より少し固めに焼き上げた生地に羊羹ほどの固さのこしあんを敷いて、巻き寿司のように巻いて仕上げます。琉球菓子と言われているものの中に「まちがん」の名が見当たらず、巻き羹（巻いた羹）というストレートな名前から比較的新しい時代の菓子と思われます。しっかりした皮としっとりした羊羹の食感が一度に楽しめて美味。

沖縄の年中行事の多くが今でも旧暦（月の満ち欠けを基準にした太陰暦）で行われています。それぞれ行事用のお菓子があり、今でも家庭で作ったり、お菓子屋さんで買ってお供えしています。

旧暦一月一日	お正月といえばお餅の出番ですが、お雑煮を食べない沖縄では、お

旧暦一月一日
旧正月

お正月といえばお餅の出番ですが、お雑煮を食べない沖縄では、お正月のお餅といえば、「なっとぅんすー」（「なんとぅー」とも）でした。那覇の辻（社交場）の女性たちが、年の暮れに歳暮代わりになじみ客に届けたのがはじまりとのことです。

なっとぅんすー

みそ味のお餅。納豆味噌、年頭味噌とも書きます。「ゆべし」に似た食感に、コショウ科の香辛料である「ヒハツ」（ひはつもどき）の香りが効いています。もち粉にざらめと赤みそ、かくし味にピーナッツバターが入っています。半分に割った落花生を十字に置いてかざり、蒸します。日持ちしますが、かたくなったらトースターか電子レンジで温めるとおいしくいただけます。

作り方　なっとぅんすー

● 材料（2個分）

もち粉……500g

ざらめ……200 g

水……300ml ぐらい

赤みそ……110 g

ピーナッツバター……25 g

ヒハツ……小さじ 1

落花生……12 個

白ごま……少々

①すり鉢に赤みそ、ピーナッツバターを入れて、よくすり混ぜます。

②もち粉、ざらめ、ヒハツを混ぜて、分量の水を少しずつ入れて練り、①を加えてさらに混ぜます。

③耳たぶぐらいの固さになったらさんにんの葉の裏側にのせ、長方形に形作り、2つ割りの落花生を十文字に飾り、白ごまを散らします。

④強火で約35分蒸します。

さんぐゎち さんにち

この日は昔の女性たちにとって、家事や仕事から解放され、外に出て遊ぶことが許されていた特別な日でした。三月御重と呼ばれる、ごちそうをつめた重箱をたずさえ、浜辺では潮水に手足を浸して厄を払ったり、街中では着飾って芝居小屋に出かけたりしました。

さんぐゎちぐゎーし（三月菓子）

名前のとおり、三月御重に欠かせない揚げ菓子で、御重菓子とも言います。味はさーたーあんだーぎーに似ていますが、たねを固めに仕上げるので、しっかりと噛みごたえがあり、日持ちのよいお菓子です。縦に入れた切り込みが割れ目になり、おいしそうです。

さんぐゎちぐゎーし

作り方

● 材料（18～20個分）

卵……3個

グラニュー糖……250g

サラダ油……大さじ1と2分の1

小麦粉……400g

ベーキングパウダー……小さじ2分の1

打ち粉、揚げ油……適量

①ボウルに卵とグラニュー糖を入れ泡を立てないように混ぜ合わせ、最後にサラダ油を加え軽く混ぜ合わせます。

②①にふるった小麦粉とベーキングパウダーを入れ、木ベラでさっくりと混ぜ合わせます。

③②の生地を冷蔵庫で30分ほど休ませます。

④打ち粉をしたまな板の上に3～4等分した③の生地を厚さ1センチにのばし、3cm×6cmぐらいの長方形に切っていきます。生地の中央に縦の切れ込みを2本入れます。

⑤揚げ油を160度～170度くらいに熱し、④の切り込みを上に入れ、浮かんできたらひっくり返し、割れ目がはっきりしたら取り出します。

ふーちむち（蓬餅）

草餅。三月御重の一品。沖縄の言葉で、よもぎの葉をふーちばーと言います。春、やわらかい新芽の出るころには、ふーちばーを入れたお餅やじゅーしー（雑炊）が作られました。ふーちばーは、茹でたあと冷水にさらしてあくを抜いたものをすり鉢でついてから、もち粉に混ぜます。

年中行事のお菓子　新暦四月

新暦四月五日頃

清明祭（しーみー）

二十四節気の清明(四月四日か五日)のころに行われるお墓参り。中国から伝わった風習で、親類縁者がそろってお墓に集い、重箱料理やお菓子、果物、花、酒などを供えます。お線香をあげたあと、みんなでお供えしたものをいただきます。

＊地域によっては一月十六日にお墓参りをします。

もち（餅）

重箱に丸もちを縦に奇数個、それを3列詰めてお供えします。重箱の品は奇数で詰めるという決まりごとがあります。

沖縄のおもちと本土のおもち

本土では蒸したもち米を臼でつく作り方が一般的ですが、沖縄のおもちは蒸した米をつくのではなく、先に米の粉をこねてから蒸します。水でふやかしたもち米を石臼や機械でひき（水挽き）、一晩つるして水気を切ってから、よくこねます。こねる際に少しずつ水を加え、固さを調整します。こねればこねるほどおいしくなるので、家族で代わる代わるこねたりします。最近では市販されている「水挽き」と書かれたもち粉をこねて成形し、蒸し上げます。

沖縄の代表的なもちには、旧暦十二月八日のむーちー、正月に那覇で作られていたなっとぅんすー、旧暦八月十五日のふちゃぎなどがあります。また、仏壇やお墓には、丸もちと呼ばれる丸い平たいもちをお供えします。砂糖の入らない白もち、砂糖の入った砂糖もち、黒糖の入った黒糖もち、よもぎの入ったよもぎもち（ふーちむち）などがあります。正式には白もちをお供えするのですが、盆や清明祭には好みのもちを用意します。

お墓、仏壇へのお供え

四月の清明祭や一月の十六日祭にはお墓に、春のお彼岸や旧盆、秋のお彼岸などでは仏壇にお菓子をお供えします。

盛り菓子

お供え菓子には、「くんぺん（薫餅）」や「むむぐゎーし（桃菓子）」、「まちがん（巻糞）」などの伝統菓子に加えて、「レモンケーキ」や「バームクーヘン」などの洋菓子、「かるかん」や「やぶれまんじゅう」など和風のお菓子などが並べられます。特に決まったお菓子でなく、ご先祖さまとその子孫のそれぞれ好きなお菓子が一緒に盛られます。

レモンケーキ

法事菓子として、清明祭や盆に仏壇や墓に供えられます。琉球菓子の流れを汲む見た目が地味な法事菓子の中、アルミのパッケージが目を引き、子どもに人気があります。戦後のケーキですが、アメリカの食文化の影響を受けたわけではなく、製法は本土から伝わりました。レモン型の型で焼かれ、レモン色のアイシングがかかったマドレーヌのような菓子です。

旧暦五月四日のハーリー（舟漕ぎ競漕）は沖縄で暑い夏のはじまりを告げる行事です。中国から伝わったとされ、漁村では豊漁祈願として行われています。子どもたちはおもちゃを買ってもらえるうれしい日で、家庭では、ぽーぽーやちんびんを作って食べていました。

旧暦五月四日

ゆっかぬひー

ちんびん

ぽーぽーとセットで作られる、ゆっかぬひーのお菓子。ぽーぽーに形は似ていますが、こちらはたねに黒砂糖を入れ、アンダンスーは使いません。表面にぶつぶつあばたが出るのが、よい焼き方とされ、そのまま巻きあげて仕上げます。琉球王国時代の文献にも登場する伝統菓子です。

ぽーぽー

ゆっかぬひーに焼かれた、クレープ風のお菓子。小麦粉を水で溶いたたねを薄く焼き、甘辛いアンダンスー（あぶらみそ）を芯にして、くるくる巻きあげます。子どもの健やかな成長を祈って、ちんびんとともに仏壇にお供えしました。

作り方　ちんびん

● 材料（10枚分）
小麦粉……250g
ベーキングパウダー……小さじ2
黒砂糖……150g
水……200ml
サラダ油……小さじ1

①黒砂糖は分量の水で煮溶かし、アクをすくいとり冷ましておきます（400ml準備）。
②小麦粉とベーキングパウダーをふるいにかけてボウルに入れ、①を加えて混ぜ、サラダ油を加えます。
③熱したフライパンに油をぬって②を流し入れ、表面にぶつぶつと穴があいてきたら裏返して焼き、手前から巻きます。

旧暦五月五日
ぐんぐゎち
ぐにち

旧暦五月五日は菖蒲やよもぎなどを身につけたり、口にして災厄をはらうという、中国から伝わった行事です。沖縄では、あまがしを作り、菖蒲の葉をスプーン代わりに添えて仏壇に供え、子どもの健康を祈願しました。

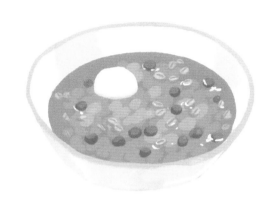

あまがし

とろりと甘い沖縄風ぜんざい。緑豆と押し麦を煮て黒砂糖で味つけしたものですが、最近は緑豆の代わりに、味がよくて、やわらかく煮える小豆や金時豆も使われています。押し麦のとろみと黒糖の甘さが溶けあったやさしい味わいで、緑豆の緑が初夏の気分にぴったりです。
もともとは、麦を米こうじで発酵させた甘酸っぱい食べ物だったそうです。

あまがし

● 材料（8人分）

緑豆……120ｇ（洗って一晩水につけておく）

押し麦……55ｇ（洗って30分ぐらい水につけておく）

塩……小さじ3分の1

水……1600ml

黒砂糖液……黒砂糖200ｇ
　　　　　　水 200ml

①鍋に水気をきった緑豆と押し麦と分量の水を入れ、強火にかけ煮立ったら火を弱め50分くらい煮ます。

②別鍋に黒砂糖と水1カップを入れ、煮立ったら紙でこしてアクを取ります。

③①の緑豆が柔らかくなったら②の黒砂糖液を加え、5～10分火にかけます。

④最後に塩を加え、好みで白玉だんごを入れます。

便利な缶詰や粉

沖縄県内のスーパーなどでは押し麦と黒糖と金時豆の入った「あまがし」の缶詰が販売されていて、冷やしてすぐに食べられます。またお菓子の専用ミックス粉が販売されていて、さーたーあんだーぎー、ちーるんこう、黒糖あがらさー、ちんびんなどが家庭で手軽に作れるようになりました。

旧暦七月十三日～十五日

旧盆

沖縄のお盆は、旧暦七月十三日のお迎え（うんけー）にはじまり、十五日のお送り（うーくい）までの三日間、食事、くだもの、菓子などを仏前に供え、祖先の霊をもてなします。お供え物は地域によって多少の違いはありますが、初日のうんけーじゅーしー（炊き込みご飯）と、十四日、十五日のそーめん、さーたーだんご、おもちは欠かせません。

さーたーだんご

もち粉や白玉粉で作っただんごにシロップをかけたお菓子。全国どこにでもある家庭のお菓子ですが、沖縄では、旧盆のお供えもののひとつです。子どもの頃、お母さんのお手伝いで、おだんごを丸めたり、ゆで上がりをすくいとった思い出を持つ人は多いのでは。お供えする餅の余りでつくった、とも言われます。

 作り方　**さーたーだんご**

● 材料（16個分）
白玉粉……150g
水……125ml
シロップ……砂糖100g
　　　　　　水200ml

①分量の砂糖と水を煮溶かしてシロップを作り、冷やしておきます。
②白玉粉に水を加えて混ぜ合わせ。耳たぶぐらいの固さにします。
③小さく丸めてだんごを作り、沸騰したお湯の中に入れ、上に浮き上がってきたらすくいとって水にさらして冷まします。
④器にだんごを入れ、①のシロップをかけていただきます。

旧暦八月十五日

十五夜

旧暦八月十五日。この日の満月は、一年で一番美しく、中秋の名月ともいわれます。沖縄では月見だんごではなく、ふちゃぎと呼ばれるあずきをまぶした餅を、仏壇や火の神に供えます。農村では豊年祭が行われ、明るい月の下、村芝居や獅子舞、綱引きなど、村の催しでにぎわいます。

ふちゃぎ

なまこ型の餅にゆでた小豆をまんべんなくまぶした、十五夜の行事菓子。白い餅は月を、小豆は星を表していると言われています。蒸したての熱い餅でないと小豆がくっつかないので、熱で小豆が悪くなりやすく、日持ちはしません。最近では小豆や餅が甘いふちゃぎも売られています。甘くないふちゃぎの素朴なおいしさがわかるようになると大人になった気がします。

作り方　ふちゃぎ

● 材料（15個分）
もち粉……300g
水……250ml
小豆……約170g

①鍋に小豆とたっぷりの水（分量外）を入れ火にかけます。煮立ったらゆで汁をこぼし、新たにかぶるぐらいの水を加えて40〜50分ぐらい煮てザルにとり冷まします。

②ボウルにもち粉を入れ、分量の水を少しずつ入れながら十分に練り、耳たぶぐらいの固さにします。

③②を15等分（1個50g程度）して楕円形にし、強火で15分間蒸します。

④蒸しあがったら熱いうちに①の小豆をまぶします。

旧暦十二月八日　むーちー

旧暦十二月八日の行事。このころの寒さは「むーちーびーさ」と呼ばれています。むーちーを作り、仏壇や火の神に供えて、子どもの健康祈願と厄払いをします。人食い鬼となった兄に鉄を入れた餅を食べさせて退治したという由来話から鬼餅とも言います。

むーちー

もち粉をよくこね、さんにん（月桃）の葉やクバの葉に包んで蒸した餅。葉（かーさ）を使うことから、かーさむーちーとも呼ばれます。シンプルな白むーちーのほかに黒糖、とーなちん（黍）、紅芋の粉を混ぜたものなど、さまざまなバリエーションがあります。その年に子どもが生まれた家では、「初むーちー」と言って、親戚や知人に配ります。一年中手に入りますが、最近は保育園などでもむーちーづくりが行事として定着しています。

作り方　むーちー

● 材料（12個分）

もち粉……520g
砂糖……230g
水……380mlくらい
さんにんの葉（洗っておく）……24枚

①ボウルにもち粉と砂糖を入れ、分量の水を少しずつ加え、よくこねます。
②①をさんにんの葉の裏側の中央に細長く伸ばして包みます。小さい葉の場合は2枚をずらして半分重ねて使います。横を両側から包み、葉の根元側、葉先を折って包み、真ん中あたりを結わえます。
③湯気のたった中火の蒸し器で20分くらい蒸します。

那覇三大おまんじゅう

那覇には戦前から人気の名物まんじゅうがあって、今でも昔ながらの味を伝えています。首里の「のーまんじゅう」と「山城まんじゅう」、那覇の「天妃ぬ前まんじゅう」の三つのおまんじゅうを紹介します。

のーまんじゅう

食紅で大きく「の」と書かれた首里のまんじゅう。儀保まんじゅうとも。小豆あんがたっぷり入っています。お祝いの品につける「のし（熨斗）」の意味で、「の」の一文字を書くようになったと言われています。手のひら大の大きさで、さんにん（月桃）の葉に包んで売られます。

山城まんじゅう

小豆あん入りの平たいまんじゅう。皮はあんが透けてみえるほど薄く、しっとりとしています。さんにん（月桃）の葉に包んで売られます。首里真和志町の山城家がはじめたことから、山城まんじゅうと呼ばれています。

天妃ぬ前まんじゅう

炒った大麦を粉にしたゆーぬく（はったい粉）のあん入りまんじゅう。ゆーぬくあんの風味と香りが独特な平べったいまんじゅうです。那覇にあった天妃宮近くのまんじゅう屋がはじめたことから、その名がついたと言われています。

黒糖を使ったおやつ菓子

昔、おやつは芋や芋のでんぷん（んむくじ）、黒砂糖など、身近な材料を使った素朴なものばかりでした。特に黒糖はそのままのかたまりをお茶請けなどにしていましたが、のちに黒砂糖を使ったさまざまなお菓子が作られるようになりました。

たんなふぁくるー

黒糖味のふかふかした焼き菓子。安価で保存も効くことから、庶民のお菓子として人気です。漢字を当てると「玉那覇黒」で、首里真和志町の玉那覇家がはじめたことから、その名がついたと言われています。王朝菓子のくんぺんの代わりに、法事などでも使われていたそうです。

ぜんざい

本土のぜんざいの材料は小豆ですが、沖縄では金時豆を使います。これはアメリカ統治時代に、アメリカ産の金時豆が安く手に入ったからと言われています。甘く煮た金時豆と白玉だんごを器に入れて、その上にかき氷を乗せていただくのが沖縄流で、沖縄ぜんざいの名で、観光客にも人気です。今ではコンビニやスーパーでカップ入りのぜんざいが手軽に買えます。

黒砂糖

さとうきびのしぼり汁を煮つめて固めた砂糖。精製した砂糖にはないカルシウムや鉄、カリウムなどの栄養分を多く含み、独特の風味があります。かたまりをくだいたり、切り分けて売られています。

あがらさー

黒糖味の蒸し菓子。小麦粉に黒砂糖、重曹、水を混ぜ合わせ、型に流し入れて、ふっくらと蒸し上げます。「あがらさー」は「蒸したもの」の意味です。じーかすてら、黒糖カステラの別名もあり、蒸しパンにも似ています。

市場のお菓子屋さん

那覇の牧志公設市場近辺では生鮮食品や乾物類、衣類、雑貨といろいろなお店が並んでいます。周辺にはお菓子屋さんも多く、市場本通りには数軒のお菓子屋さんが並んでいて、地元の人に混じって観光客の姿も見かけます。

年中行事や慶弔用のもちやお菓子は定番ですが、お店によってはショーケースに和菓子やパン、ケーキなどいろいろな種類のお菓子も並んでいます。清明祭やお盆、むーちーのころにはお客さんが殺到するので、前もって予約した方が安心です。

くじむち（葛餅）

表面にきな粉をまぶした葛菓子。沖縄のくじむちは、んむくじ（さつま芋のでんぷん）で作ります。ぷるんと半透明で、素朴な甘さが持ち味。市場やスーパーで、四角く切り分けられて売られていますが、日持ちしないので、その日のうちにおいしく食べきりましょう。

くじむち

● 材料（15cm×20cm　1枚）

芋くず……140g
黒砂糖……180g
水……800ml
きなこ……適量

①鍋に分量の芋くず、黒砂糖、水を入れ、混ぜ合わせ中火にかけます。
②木しゃもじで20分くらい混ぜながら、ねばりとツヤが出て半透明になったら火をとめます。
③きな粉を振ったバットに②を流し入れ、そのまま冷やします。
④適当な大きさに切ってきな粉をまぶします。

芋を使ったおやつ菓子

沖縄ではさつま芋のことを「んむ」と言います。んむから取ったでんぷん（んむくじ）は保存食になり、お菓子の材料にも使われています。最近は紅芋が主流で、おみやげ品の「紅芋タルト」が有名です。たーんむ（田芋）は里芋の一種で、おめでたい食べ物とされています。田芋パイや田芋アイスなど洋風のお菓子にも利用されています。

んむにー（芋煮）

煮たさつま芋をきんとんのようにつぶして練り上げたもので、なめらかな食感と、芋本来の甘さが口にやさしく、子どもの大好きなおやつでした。芋に白玉粉を加えて練った粉芋煮（くーんむにー）、田芋を加えた田芋煮（たーんむにー）はごちそうです。

んむくじあんだぎー

「んむ（芋）」のあんだーぎー（揚げ物）。水溶きしたんむくじ（さつま芋のでんぷん）と、蒸してつぶしたさつま芋を混ぜて、油で揚げます。たねを丸めたあと、両手の人差し指、中指、薬指の3本で表面を軽く押さえて平たくして揚げることから、「てぃーぱんぱん」の別名もあります。

たーんむでぃんがく（田芋田楽）

四角に切った田芋に砂糖を加えて練り上げたもので、きんとんに似ています。田芋の角が煮くずれて全体にとろみが出たところで仕上げます。お正月によく食べられます。

お茶の時間

不意の来客や近所の人をもてなすとき、縁側や座敷でさんぴん茶やお茶菓子でもてなしました。大きな急須で出したさんぴん茶を何杯もお代わりしては、話に花を咲かせました。

さんぴん茶

さんぴん茶は、緑茶にジャスミン（茉莉花）の花の香りをつけたお茶のこと。ジャスミンティーとも。中国伝来で、琉球王国時代から、沖縄で親しまれてきたお茶です。

うっちん茶

うっちん茶のうっちんは、「うこん」のことで黄色いお茶です。肝臓によいクルクミンという成分が大量に含まれていて、お酒が好きな人にもよく飲まれています。

ぶくぶく一茶

沖縄独特のお茶。煎った米を煮出した湯とさんぴん茶と番茶を合わせ、大きな茶筅で泡立てます。赤飯を入れた茶わんに茶湯を注ぎ、上に泡をこんもりと盛り、きざんだ落花生をふりかけます。茶碗を回しながら、泡をなめるようにして飲みます。戦前那覇の一部で飲まれていましたが、その後見られなくなったものが1990年代に復活しました。

十時茶と三時茶

今風に言えば十時のおやつ、三時のおやつ、です。昔の人は明るくなったら働きはじめ、暗くなるまで働く、働き者でしたから、朝昼晩の食事の合間の午前十時と午後三時に休憩をとりました。大きなちゅーかー（急須）にさんぴん茶を入れ、うちゃわき（茶請け）は黒砂糖が定番でしたが、時には「んむくじあんだーぎー」や「あがらさー（蒸し菓子）」など手作りのおやつや地漬やひらやーちー、そーみんちゃんぷるーなども登場しました。
朝早く、身じたくをさっと整えてから朝食の前にお茶と甘いものを楽しむ「みーくふぁやー（おめざ）」の習慣もありました。みーくふぁやーや十時茶、三時茶など、ゆったりした時間の流れを感じさせ、いつも時間に追われている現代人にはうらやましいような習慣です。

駄菓子あれこれ

コンビニのない時代、子どもたちがおやつを求めたのは一銭マチヤーと呼ばれる、駄菓子屋でした。小銭で買えるお菓子やおもちゃがいっぱいで、子どもにとっては夢のような場所でした。

塩せんべい

名前の通り、塩味のきいたせんべい。主な材料は小麦粉で、丸い金型に生地を入れて、圧縮加熱して作ります。てのひら大で食べごたえがあり、さくっとした口当たりが人気です。ジャムやチョコレートソースをつける食べ方も。

天使のはね

もともとは塩せんべいを作るときにはみ出した部分をお菓子として販売したもの。塩味のふわふわしたソフトなチップスで人気です。

かめのこせんべい

亀の甲羅のかたちをした、かめのこせんべい。小麦粉で作られる、ちょっと固めで歯ごたえのある揚げせんべいです。

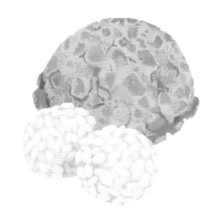

はちゃぐみ

はちゃぐみは沖縄版粟おこし。蒸した米を乾かして炒り、水あめでボール状に固めたお菓子。ぱりっとした食感と香ばしさが持ち味の素朴なお菓子です。

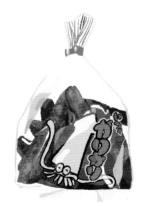

いちゃがりがり

あごが痛くなるほど固く、がりがりとした食感が持ち味の揚げ菓子です。いちゃは沖縄でイカのこと。スルメを芯にして、小麦粉の衣をからめて揚げたものです。ほんのり塩味がきいていて、噛めば噛むほど味の出る、酒のつまみとしても人気のスナックです。

スッパイマン

やわらかく、甘酸っぱい味が人気の乾燥梅。本土復帰のタイミングで、台湾や中国から違法な甘味料使用が問題になり、輸入禁止となりました。そこで日本に合わせた安心安全にこだわり、県内企業が開発したのが「スッパイマン」です。

みき

ほんのり甘酸っぱく、とろりとやさしい味わいの発酵飲料。原料は米や麦、砂糖など。漢字で神酒と書くように、もともとは豊年祭など、神事の際にお供えしていました。缶や瓶入りで売られています。

黒糖げんまい

黒糖と玄米で作る、とろりと甘い飲み物。かくし味のショウガの風味がアクセントになっています。温めても、冷やしてもおいしく、昔から家庭で親しまれてきた味です。よもぎや紅芋、黒ごまなど、味のバラエティを広げています。

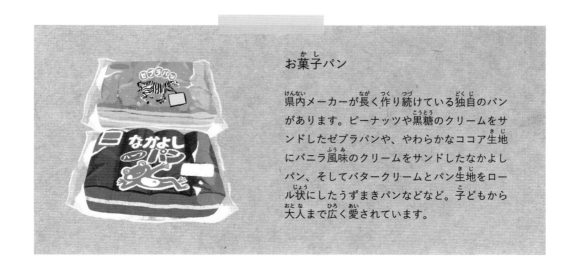

お菓子パン

県内メーカーが長く作り続けている独自のパンがあります。ピーナッツや黒糖のクリームをサンドしたゼブラパンや、やわらかなココア生地にバニラ風味のクリームをサンドしたなかよしパン、そしてバタークリームとパン生地をロール状にしたうずまきパンなどなど。子どもから大人まで広く愛されています。

島々のお菓子

沖縄にはそれぞれの島や地域で、名産やお菓子があります。その一部を紹介します。

沖縄本島

【恩納村・名護市】
ブルースとチョコもち

恩納村のふわふわカステラの「幻の味ブルース」と名護市のココナッツの香りの「チョコもち」は名護の道の駅許田などで販売しています。

【金武町】
田芋パイ

金武町は田芋の栽培が盛んな地域。地元の田芋を使った田芋パイが人気。

【読谷村】
楚辺ぽーぽー

読谷村の楚辺に伝わっている焼き菓子。通常のぽーぽーと比べて卵が入っているのでホットケーキのようにふわっとしています。

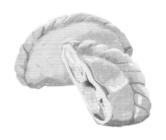

周辺離島

【伊江島】
黒糖ピーナッツ

ピーナッツを黒糖と水飴でからめたピーナッツ菓子。素朴な味ですが食べだしたら止まらないおいしさ。

【久米島】
みそクッキー

久米島みそ風味の甘さでなつかしい味。

宮古諸島

【宮古島】
うずまきパン

沖縄本島でも「うずまきパン」は売られていますが、宮古のうずまきパンはサイズが大きくボリューム満点。

【多良間島】
ぱなぱんぴん

宮古島の南西にある島・多良間島の揚げ菓子。元々は祭りの際に作られました。ぱな（花）ぱんぴん（揚げもの）の名前のように揚げた形が開いた花のよう。

八重山諸島

【石垣島】
塩せんべい

もちろん塩せんべいは誰もが知っている沖縄のお菓子。ただ石垣の塩せんべいは石垣の塩を使用した名産としておみやげにも使われます。

大東諸島

【南大東島】
大東ようかん

八丈島出身者の多い大東島ならではの和風のお菓子。黒糖をたっぷり使ったようかんは絶品。

アメリカ菓子

1945年から1972年まで沖縄はアメリカ統治下にありました。そのころたくさんのアメリカ菓子が食べられるようになりました。これらのお菓子は県民に親しまれ、今でも多くの人に愛されています。

ジャーマンケーキ

ココア風味のスポンジケーキにバタークリームをはさみ、表面を白いココナッツクリームで飾ったケーキ。しゃりしゃりとしたココナッツの食感と甘さがくせになるおいしさです。アメリカ人のジャーマンさんが作ったのが名前の由来。戦後、米軍基地内から広がり、今も根強い人気があります。

アップルパイ

沖縄にはアップルパイの名店が多く、アメリカ風のショートニングを使ったパイ皮の厚さや食感、りんごの煮つめ具合など、それぞれの個性をうち出しています。温めたパイにアイスクリームを載せて食べるパイ・ア・ラ・モードは格別のおいしさです。

アイスクリーム

沖縄でアイスクリームと言えばアメリカ生まれ、沖縄育ちの「ブルーシール」。サンフランシスコミントチョコレートやマンゴタンゴなどのアメリカンテイストも人気。ちんすこうや紅イモ、田芋、シークヮーサーなど、沖縄の素材を生かした味も生まれています。

アイスクリン
ドライブしていると見かける道端のパラソルの下で売られているアイスクリーム。シャリシャリしたアイスで夏の風物詩。

チョコレート
マシュマロなど

戦後、沖縄では外国製品が手に入りやすくなりました。お菓子も例外ではなく、銀紙に包まれたハーシーの板チョコやカラフルなジェリービーンズ、不思議なフレーバーのキャンディー、ふわふわのマシュマロなどなど。一銭マチヤーのお菓子とは一味違った、こってりと甘く、高級感のあるお菓子でした。

クッキー

復帰前はデンマーク製のケルドセンの缶入りクッキーが、贈答品の定番になっていた時期もありました。沖縄の代表的な菓子メーカーのひとつ、ジミーではクッキーも人気商品のひとつ。さくさくとした食感で、セサミやチョコチップ、ココナッツなどフレーバーのバリエーションも豊富です。

なつかしの「ダンキンドーナツ」
ドーナツといえばダンキンだった時代がありました。かわいいCMが人気で、長い間県民に愛されていました。

ルートビア
オレンジドリンク

1963年に誕生したファストフード店・A＆Wの人気ドリンクと言えばルートビア。バニラやリコリス、ジンジャーなど約14種類のハーブなどをブレンドして作る炭酸飲料。独特の香りと味に根強いファンがいます。なつかしい甘さのオレンジドリンクも人気です。

アイスティー

ドライブインや食堂でおなじみの甘さたっぷりのアイスティーはサイズもたっぷり。

お菓子の材料

沖縄のお菓子に使われるおもな素材を紹介します。

小麦粉

小麦をひいた粉。最近は沖縄産の小麦で作られた小麦粉が販売されています。

もち粉

生のもち米を粉にしたもの。沖縄では水に浸したもち米をひいた（水挽き）商品が販売されています。うるち米を粉にしたものは上新粉といいます。

白玉粉

水に浸したもち米を製粉した粉。目の細かいふるいを通すので粒子がこまかくなめらかです。

砂糖

日本で砂糖が一般に食べられるようになったのは江戸後期だといいます。沖縄で砂糖の原料である「さとうきび」の栽培が始まったのは17世紀ごろです。

黒砂糖

さとうきびから作られビタミン、ミネラルが豊富で、特有の風味と甘さがあります。現在、沖縄では伊平屋島、伊江島、多良間島、西表島、波照間島、粟国島、小浜島、与那国島の八島のみで作られています。

ざらめ

糖度が高い高純度の砂糖で上品な甘味があり、結晶が大きく透明でゆっくり溶けることからお菓子づくりによく使われます。

グラニュー糖

細かいサラサラした砂糖で一般によく使われます。

はったいこ

大麦を煎って粉にしたもので沖縄では「ゆーぬく」といいます。はったい粉に黒糖を入れて水で溶いたものをおやつにしていました。

もろこし

沖縄では「とーぬちん」といい、別名「こうりゃん」とも言います。旧暦十二月八日のむーちーではもろこしの粉を混ぜたとーぬちんむーちーもよく作られます。

さつま芋

沖縄では「んむ」あるいは「唐芋」といいます。1605年、沖縄の野国総官という人が中国から苗を持ち帰ったのが日本の芋の栽培の始まりだと言われています。

でんぷん

片栗粉、わらびくず、コーンスターチなどのでんぷんがありますが、沖縄ではさつま芋のでんぷん（んむくじ）がよく使われます。自家製のでんぷんは保存食としても重要でした。

田芋

水田などで栽培される里芋の一種。淡い紫色で粘り気と香りが特徴です。子芋で増えることから子孫繁栄を意味し、おめでたい食べ物とされています。

味噌

米や小麦、大豆などから作られる発酵調味料です。

あずき（小豆）

あんこの材料として用いられるあずき色の小さめな豆。北海道産が有名です。

押し麦

大麦を精白後、加熱し圧して乾燥させたもの。あまがしに用いられ、平麦ともいいます。

緑豆

緑色の小粒の丸い豆。豆もやしや春雨の原料として用いられます。

金時豆

いんげん豆の一種で楕円形で赤紫色の大きめの豆。甘納豆や煮豆に使用されます。沖縄ではぜんざいに用いられます。

ヒハツモドキ

沖縄では「ふぃふぁち」、宮古では「ぴぱーつ」、八重山では「ぴぱーじ」といい、コショウのような爽快感のあるスパイスです。

よもぎ

沖縄では「ふーちばー」といい、一年中食されます。独特の香りで炊き込みご飯に入れたり、山羊汁などの臭い消しに使われます。

落花生

ピーナッツ、南京豆ともいう。地下に実がなるので沖縄では「じーまーみ」といい、じーまーみ豆腐のほかお菓子の原料や飾りにも使われています。

ラード

豚の脂を原料とした油。ちんすこうなどの原料として用いられます。

ベーキングパウダー

ふくらし粉ともいい、粉物のたねをふくらませる膨張剤です。

重曹

炭酸水素ナトリウムのことで、ベーキングパウダー同様、膨張剤として用いられます。

ごま（胡麻）

白ごまと黒ごまがあります。まちかじ、なっとぅんすーの飾りや、くんぺんのあんに使用されています。

さんにん（月桃）の香り

月桃のことを沖縄では「さんにん」と言い、ショウガ科だけあってスパイシーな優しい香りの植物です。沖縄のもちやまんじゅうの多くはさんにんの葉に包まれて売られています。さんにんの抗菌作用で日持ちがし、もちやまんじゅうに香りが移ることで風味がよくなるからです。さんにんの香りはむーちーの思い出につながります。保育園のお友だちと一緒に作って、蒸しあがりを待っていただいたこと。子どもが生まれて、親戚の家を廻って初むーちーを届けたこと。市場やスーパーなどで、毎年出会えて思い出がよみがえり嬉しい香りなのです。しかしその個性的な香りゆえに、とっても好きな人と、全くダメな人とに分かれるようです。

文・いけみやてるこ

編集事務所ヴァリエ所属。編集者、ライター。『聞き書沖縄の食事』（農文協、1988）、尚弘子監修『沖縄ぬちぐすい事典』（プロジェクトシュリ、2002）、宮城都志子著『パパッとごはん　しっかりごはん』（ボーダーインク、2008）、尚弘子著『暮らしの中の栄養学』（ボーダーインク、2008）、『松山御殿の日々』（ボーダーインク、2010）等の編集・執筆に携わる。人生初の甘味の記憶は、熱を出したときに母が食べさせてくれた片栗粉の葛湯。

絵・あらかきれいみ

沖縄県立芸術大学卒業後、イラストレーター・アニメーション作家として県内外で活動中。誰かの心がほっこりしたらいいなと思いながら絵本のようなタッチの作品を制作しています。かわいいものや食べ物、子どもや昆虫を描くことが好きです。幼い頃の朝ごはんはなかよしパンでした。誕生日はよくジャーマンケーキを食べます。

● おもな参考文献

聞き書沖縄の食事編集委員会編『聞き書沖縄の食事』日本の食生活全集 47（農山漁村文化協会　1988）

尚弘子監修『沖縄ぬちぐすい事典』（プロジェクトシュリ　2002）

安次富順子『琉球菓子』（沖縄タイムス　2017）

沖縄タイムス編『おばあさんが伝える味』（沖縄タイムス社　1979）

松本嘉代子『松本嘉代子の沖縄の行事と食』（タイムス住宅新聞社　2018）

外間ゆき編著『沖縄食の大百科 4 沖縄の食の素材と家庭料理』（沖縄出版　1991）

那覇市企画部市史編集室編『那覇市史』資料篇第2巻中の7（那覇市企画部市史編集室　1979）

知名茂子著・尚弘子監修『松山御殿の日々　尚順の娘・茂子の回想録』（ボーダーインク　2010）

黒ざとうのあるくらし研究会著『ミネラルフードできれい！　元気！　天然サプリ、黒ざとう。』（小学館　2004）

古波蔵保好著『料理沖縄物語』（朝日新聞社　1990）

新島正子著『私の琉球料理』（柴田書店　1983）

＊レシピ協力　真栄城いづみ

おきなわのお菓子

2024年3月30日　　初版第一刷発行

著　者　▶　文・いけみやてるこ　絵・あらかきれいみ
発行者　▶　池宮紀子
発行所　▶　（有）ボーダーインク
　　　　　　〒902-0076　沖縄県那覇市与儀226-3
　　　　　　電話098（835）2777　FAX098 （835）2840
印刷所　▶　でいご印刷